D0529753

T2-B2S-296

ÉCRIT ET ILLUSTRÉ PAR BONNIE SHEMIE

AINSI S'EST CONSTRUIT
LE CANADA

TUNDRA BOOKS

Publié au Canada par Livres Toundra,
481, avenue University, Toronto (Ontario) M5G 2E9

Publié aux États-Unis par Tundra Books of Northern New York,
Boîte postale 1030, Plattsburg, New York 12901

Fiche de la Library of Congress (Washington) : 2001086904

Données de catalogage avant publication de la Bibliothèque nationale du Canada

Shemie, Bonnie, 1949-
    Ainsi s'est construit le Canada

Traduction de : Building Canada
ISBN 0-88776-555-6

1. Architecture – Canada – Histoire – Ouvrages pour la jeunesse. I. Lévesque, Suzanne. II. Titre.

NA740.S5314 2002   j720'.971   C2001-930154-5

Nous remercions le Conseil des Arts du Canada et le Conseil des arts de l'Ontario de l'aide accordée à notre programme de publication.

Nous reconnaissons l'aide financière du gouvernement du Canada par l'entremise du Programme d'aide au développement de l'industrie de l'édition pour nos activités d'édition.

Conception graphique : Sari Naworynski

Moyen d'expression : aquarelle sur papier

Imprimé à Hong Kong, en Chine

1 2 3 4 5 6   07 06 05 04 03 02

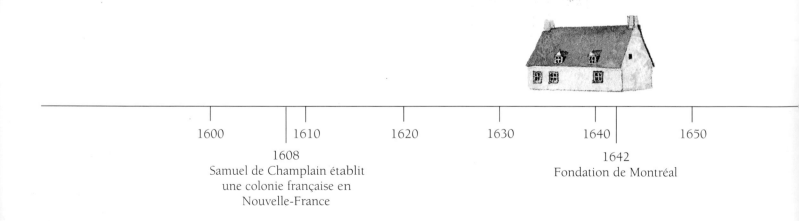

| 1600 | 1610 | 1620 | 1630 | 1640 | 1650 |

1608
Samuel de Champlain établit
une colonie française en
Nouvelle-France

1642
Fondation de Montréal

À la mémoire de mes parents,
Eva Louise et William Brenner fils.

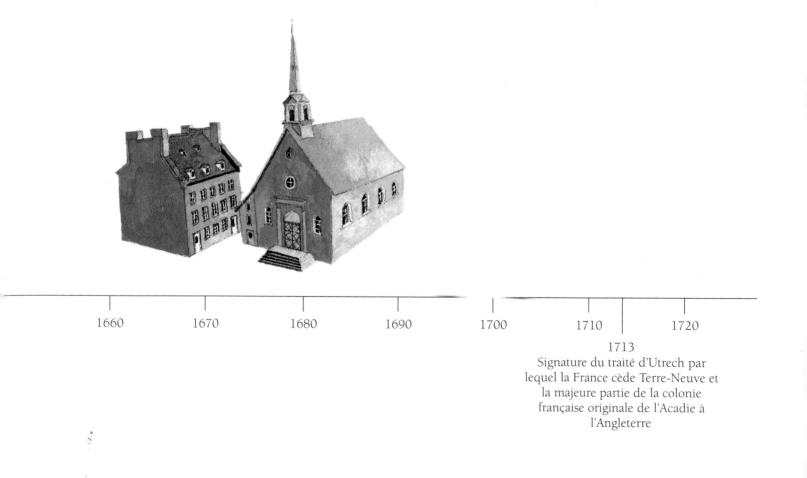

1660	1670	1680	1690	1700	1710	1720

1713
Signature du traité d'Utrech par
lequel la France cède Terre-Neuve et
la majeure partie de la colonie
française originale de l'Acadie à
l'Angleterre

REMERCIEMENTS

Je suis infiniment reconnaissante envers les auteurs et les organismes suivants : Harold Kalman, auteur de maints ouvrages, dont *History of Canadian Architecture*, vol. 1 et 2 (Toronto, Oxford University Press, 1995), de même que plusieurs autres merveilleux historiens de l'architecture, qui ont écrit au sujet du Canada; les bibliothèques de l'Université McGill, de l'Université Concordia et du Centre canadien d'architecture; la division de l'Inventaire des bâtiments historiques du Canada (ministère du Patrimoine canadien); Parcs Canada; le ministère des Affaires civiques, de la Culture et des Loisirs de l'Ontario; les Archives publiques et le ministère du Tourisme de l'Île du Prince-Édouard; les Archives provinciales du Manitoba; les Archives de Colombie-Britannique; les Archives du Canadien Pacifique; le Dr David Lai, de l'Université de Victoria, qui a partagé ses connaissances au sujet du quartier chinois de Victoria; l'architecte James Aitken pour ses conseils; l'architecte Alain Fournier pour ses renseignements à propos des habitations du Grand Nord; Dane Lanken pour ses renseignements au sujet du théâtre Empress; et les bureaux de Paul Merrick architectes ltée et de Maurer Kobayashi architectes ltée, qui m'ont fourni de l'information et des images sur les bâtiments qu'ils ont créés et dont je traite dans ce livre.

J'aimerais également remercier Janice Weaver pour son excellent travail de révision. Finalement, je voudrais souligner de façon particulière la confiance, les précieux conseils et l'appui de mon éditrice, Kathy Lowringer, et de tout le personnel de Livres Toundra.

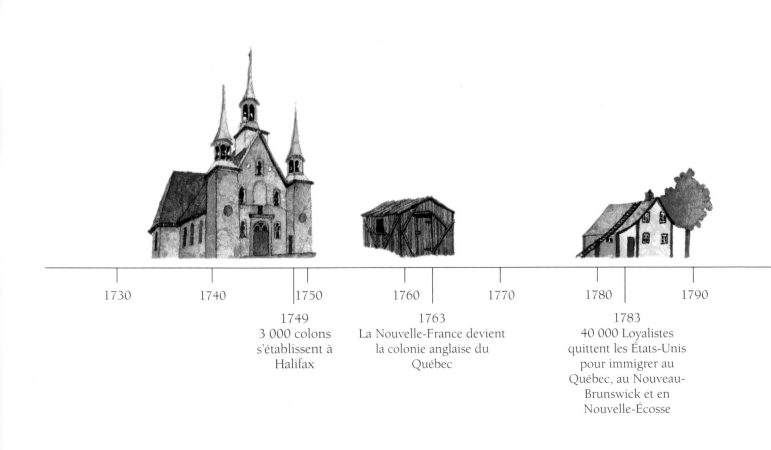

| 1730 | 1740 | 1750 | 1760 | 1770 | 1780 | 1790 |

1749
3 000 colons
s'établissent à
Halifax

1763
La Nouvelle-France devient
la colonie anglaise du
Québec

1783
40 000 Loyalistes
quittent les États-Unis
pour immigrer au
Québec, au Nouveau-
Brunswick et en
Nouvelle-Écosse

TABLE DES MATIÈRES

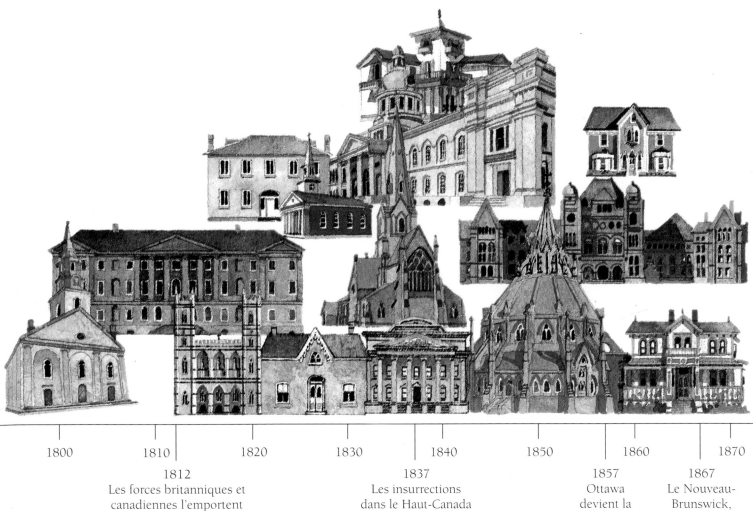

1800   1810   1820   1830   1840   1850   1860   1870

1812
Les forces britanniques et canadiennes l'emportent sur les Américains à la bataille de Queenston

1837
Les insurrections dans le Haut-Canada et le Bas-Canada sont réprimées

1857
Ottawa devient la capitale de la province du Canada

1867
Le Nouveau-Brunswick, la Nouvelle-Écosse, le Québec et l'Ontario forment le Dominion du Canada

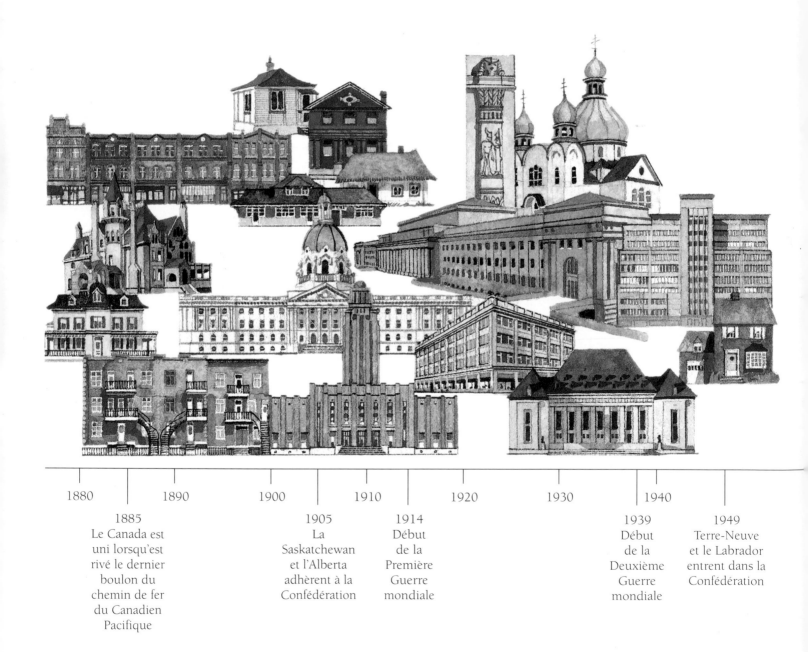

1880	1890	1900	1910	1920	1930	1940	

1885
Le Canada est
uni lorsqu'est
rivé le dernier
boulon du
chemin de fer
du Canadien
Pacifique

1905
La
Saskatchewan
et l'Alberta
adhèrent à la
Confédération

1914
Début
de la
Première
Guerre
mondiale

1939
Début
de la
Deuxième
Guerre
mondiale

1949
Terre-Neuve
et le Labrador
entrent dans la
Confédération

INTRODUCTION

A vez-vous déjà pris le temps, au beau milieu du va-et-vient, des lumières et du bruit d'une ville, de vous arrêter et de lever les yeux pour regarder un gratte-ciel pointant silencieusement vers le firmament ? Avez-vous déjà été impressionné par une magnifique sculpture ornant la porte d'un ascenseur ou les motifs recherchés d'un plancher de céramique ? Vous êtes-vous déjà demandé, en regardant par la fenêtre durant une violente tempête de neige, comment les gens réussissaient à survivre il y a plusieurs siècles ?

Les bâtiments sont bien plus que de simples abris, ils sont le reflet de nos sentiments. Ils peuvent être des refuges ou des lieux de rassemblement public, des symboles de notre identité nationale ou de notre puissance financière et, même, des œuvres d'art exaltantes. Ce survol historique de l'architecture canadienne, qui commence avec les premières habitations érigées par Samuel de Champlain à Québec pour se terminer avec les immeubles postmodernes d'aujourd'hui, décrit les influences qui ont façonné les bâtiments qui nous entourent.

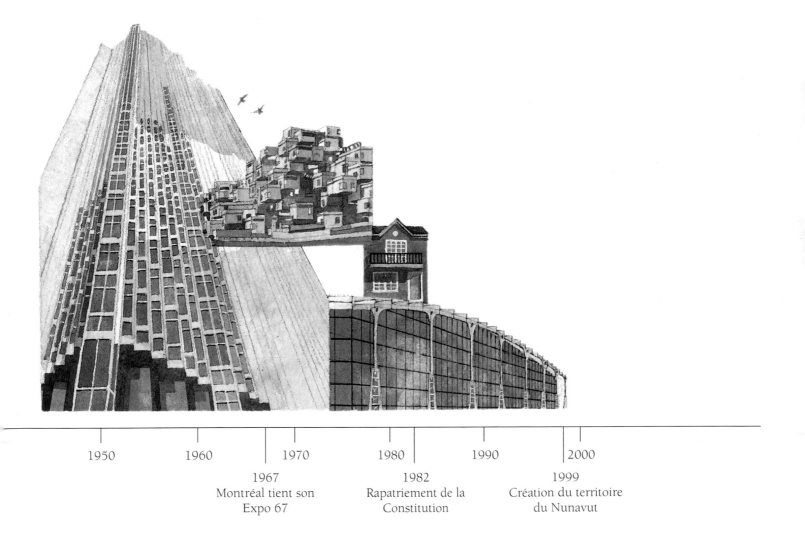

| 1950 | 1960 | 1970 | 1980 | 1990 | 2000 |

1967
Montréal tient son
Expo 67

1982
Rapatriement de la
Constitution

1999
Création du territoire
du Nunavut

AU DÉBUT : LA NOUVELLE-FRANCE

Arrivés au début du XVIIe siècle, les Français ont été les premiers colons européens à venir imprégner de leur culture la terre canadienne. Comme tous les nouveaux arrivants, ils ont essayé de recréer un cadre familier dans leur pays d'accueil. Leurs premières habitations ressemblaient aux maisonnettes qu'ils avaient quittées en France – de simples carrés de pierre ou de bois surmontés d'un toit à forte pente, parfois percé de lucarnes. Comme l'hiver était beaucoup plus rigoureux qu'en France, les colons construisaient des murs plus épais, ajoutaient des volets et surélevaient le plancher du rez-de-chaussée, au-dessus de l'épaisse couche de neige. Ils prolongeaient parfois le toit afin de former un porche (ou une véranda). Très prisée par les Canadiens français, la *maison canadienne* – nom qu'on a donné à ce type d'habitation – est toujours aussi populaire de nos jours.

Les maisons construites dans les trois principales villes de l'époque (Québec, Trois-Rivières et Montréal) étaient du même style mais comptaient plusieurs étages. Afin d'éviter la propagation des incendies, les politiciens du temps adoptèrent des règlements à l'égard des bâtiments. Ceux-ci exigeaient l'ajout, entre les immeubles, de pare-feu et d'épais pignons s'élevant au-dessus de la ligne de toit. Malgré ces précautions, les incendies, comme celui de 1852 qui rasa les habitations d'un cinquième de la population de Montréal, constituaient toujours une grande menace.

Bien que les colons français aient perdu leurs liens avec la France après la conquête britannique de 1759–1760, ils respectèrent néanmoins leurs traditions et perpétuèrent leur style architectural canadien-français distinctif. Celui-ci se manifeste surtout dans les églises paroissiales, dont le style est demeuré inchangé jusqu'au début du XXe siècle. Leurs toits d'étain et leurs flèches élancées dominent encore les bâtiments des villes et villages partout au Québec. L'extérieur simple et austère de ces églises fait étonnamment contraste avec l'intérieur somptueux, orné de sculptures élaborées et de magnifiques peintures murales.

L'église **Notre-Dame-des-Victoires** (Québec, 1688) et la **Place Royale** (reconstruite dans les années 1960 exactement comme elle était à la fin du XVIIIe siècle) ont été terriblement endommagées durant les deux mois que dura le siège de Québec, en 1760.

La **maison Girardin** (Beauport, Québec, 1650–1670) fut construite à l'image de milliers de maisons du Nord et du Centre de la France. On a toutefois recouvert ses murs d'un enduit à la chaux, appelé crépi, afin de protéger les joints de mortier contre l'inévitable alternance de gel et de dégel propre aux variations extrêmes du climat canadien.

La **maison Ouimet** (Laval, Québec, 1735–1743) illustre bien les modifications que les colons devaient apporter à leur maison pour survivre aux rigueurs de l'hiver canadien.

Après avoir remporté la guerre de Sept ans, en 1760, l'Angleterre encouragea d'importants groupes de protestants à s'établir au Canada afin de diluer l'influence des catholiques francophones. Par ailleurs, l'amorce de la révolution américaine, en 1775, poussa de nombreux loyalistes, restés fidèles à la couronne britannique, à traverser la frontière, ce qui accrut le nombre de ces nouveaux colons.

Vouant une grande admiration aux institutions britanniques, bien des gens riches construisirent de grandes résidences de style géorgien (d'après le nom des quatre rois George qui ont régné en Angleterre entre 1714 et 1830). Se caractérisant par une symétrie et un équilibre parfaits, les immeubles de style géorgien sont souvent ornés de garnitures classiques, empruntées à la Grèce antique. Aux États-Unis, le style géorgien, qu'on associait à l'oppression coloniale, fut abandonné dès la fin de la révolution. Ce ne fut pas le cas au Canada, où l'influence de ce style se perpétua jusqu'aux années 1920.

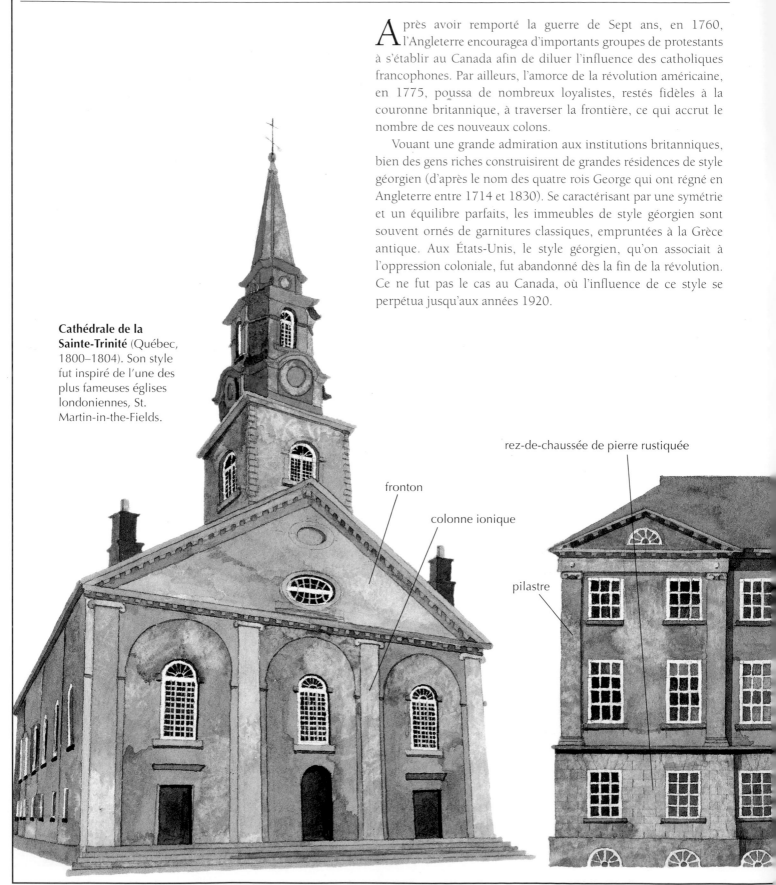

Cathédrale de la Sainte-Trinité (Québec, 1800–1804). Son style fut inspiré de l'une des plus fameuses églises londoniennes, St. Martin-in-the-Fields.

rez-de-chaussée de pierre rustiquée

fronton

colonne ionique

pilastre

Les premières habitations des nouveaux colons n'étaient qu'un abri rudimentaire. Les murs étaient constitués de rondins ou de billes équarries. Ces maisons n'étaient parfois que de simples rangées de piquets plantés dans une tranchée, comme cette cabane terre-neuvienne appelé « *tilt* ».

Cette habitation en bois de Terre-Neuve est typique de la période s'étalant de 1650 à 1850. Une fois mieux installés, les colons construisirent des maisons de bois coupé à la scie et utilisèrent leur habitation initiale comme remise. Les maisons étaient peintes d'une couleur vive afin qu'elles soient visibles du large.

Ci-dessous : **Maplelawn** (Ottawa, env. 1831–1834). Maplelawn est un excellent exemple de maison géorgienne bien dessinée, toujours parfaitement symétrique.

Ci-dessous : **Province House** (Halifax, 1811–1818). Considérée comme l'un des bâtiments les plus remarquables du Canada, Province House comporte une caractéristique des édifices publics géorgiens : un rez-de-chaussée en pierre rustiquée (à surface rugueuse) et des murs lisses au-dessus.

portique   chaque étage est délimité clairement

crénelage

faîteau

entrée de porte
richement sculptée

arche en ogive

La basilique **Notre-Dame** (Montréal,
1823–1829) fut la plus grande église
jamais construite au Canada et aux
États-Unis pendant plus d'un demi-
siècle. Peintes de couleurs or, argent,
bleue, rouge et mauve, les magnifiques sculptures de bois qui en
ornent l'intérieur sont éclairées par
des puits de lumière.

L'ANCIEN SE RENOUVELLE :
DÉBUT DE L'ÉPOQUE
VICTORIENNE

La première moitié du XIXe siècle, durant laquelle la reine Victoria
commença son long règne sur l'Angleterre, fut marquée par un
intérêt renouvelé pour l'architecture médiévale anglaise et, en particulier,
pour le style gothique, associé le plus souvent à d'anciens châteaux
anglais et aux grandes cathédrales européennes des XIIIe et XIVe siècles.
Le style gothique se distingue par son crénelage, ses pinacles, ses arcs
boutants, ses flèches et ses arches en ogive. Les édifices du Parlement
britannique et le château de Windsor (presque complètement détruit
par un incendie en 1992) furent construits dans ce style, entre le
début et le milieu du XIXe siècle, comme de nombreux autres édifices
aux quatre coins de l'empire britannique. La popularité des édifices
publics et des églises de style gothique gagna aussi le Canada. Ce
style évoquait l'hégémonie de l'empire britannique dans le monde.

Au même moment, la Grèce et la Rome antiques suscitèrent un
nouvel intérêt qui poussa les archéologues à scruter à la loupe les
ruines anciennes, mesurant leurs colonnes et recréant avec force
détails ce à quoi ressemblaient autrefois ces monuments. Le
néoclassicisme est le style qui émergea de ce mouvement. Ses
principales caractéristiques sont les colonnes, l'entablement
(bande horizontale couronnant les colonnes) et le fronton
(triangle au sommet). Désirant inspirer confiance, de nombreuses banques canadiennes adoptèrent ce style qui
symbolisait la permanence et la stabilité. Il fut encore plus
populaire aux États-Unis, notamment à Washington où le
Capitole, qui abrite le congrès et le sénat, arbore
ce style.

contrefort

La cathédrale
Christ Church
(Fredericton,
1845–1853) est
l'une des plus
remarquables
églises de style
gothique au
Canada.

pignon

massivité

lignes nettes et gracieuses

chapiteau

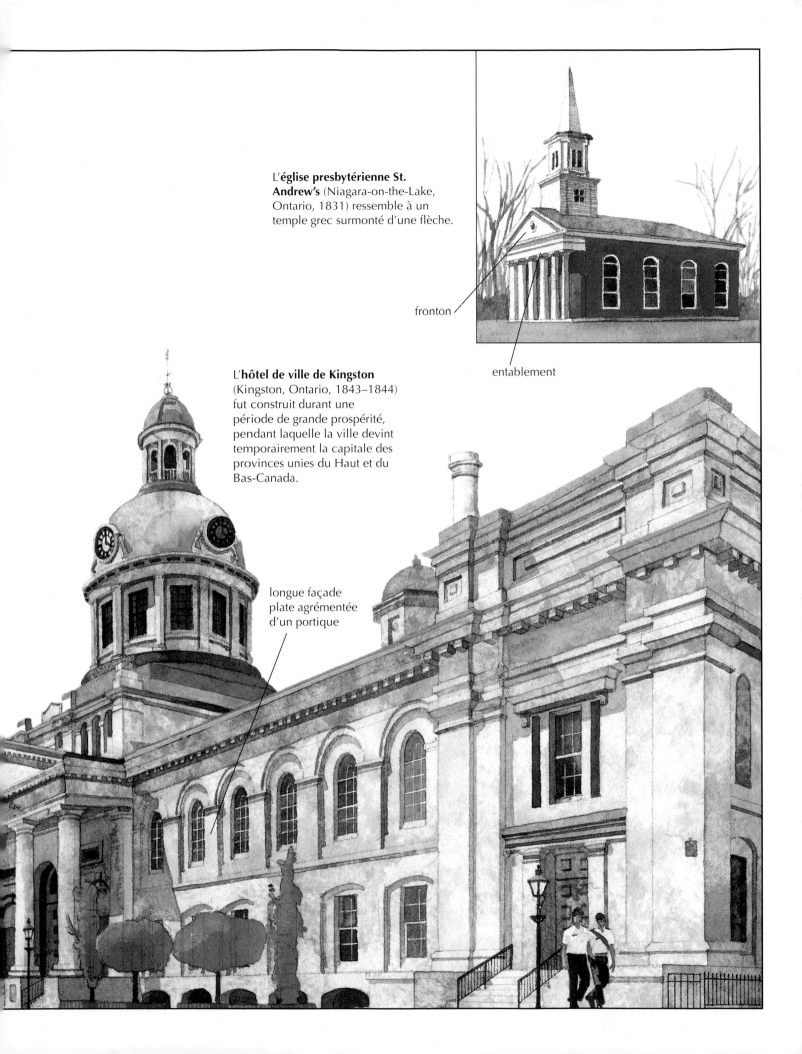

L'**église presbytérienne St. Andrew's** (Niagara-on-the-Lake, Ontario, 1831) ressemble à un temple grec surmonté d'une flèche.

fronton

entablement

L'**hôtel de ville de Kingston** (Kingston, Ontario, 1843–1844) fut construit durant une période de grande prospérité, pendant laquelle la ville devint temporairement la capitale des provinces unies du Haut et du Bas-Canada.

longue façade plate agrémentée d'un portique

LA POUSSÉE VERS L'OUEST

On reculait de plus en plus la frontière vers l'ouest en établissant de nouveaux postes de traite de fourrures et d'exploitation agricole. Le plus important de ceux-ci était le poste de la rivière Rouge, situé dans le sud de l'actuelle province du Manitoba. Il fut établi par des Écossais, des Canadiens anglais et français et des Métis (peuple d'origine mixte, moitié autochtone, moitié française).

Comme la côte ouest était isolée du reste du Canada par les Rocheuses, l'architecture y fut surtout influencée par les colons américains habitant directement au sud. Mais d'autres influences s'y sont greffées. Entre 1881 et 1884, des milliers de Chinois arrivèrent au Canada pour participer à la construction du chemin de fer du Canadien Pacifique. Plusieurs s'installèrent ensuite à Vancouver et à Victoria. En fait, les trois mille Chinois de Victoria vivaient dans un quartier formé de quatre quadrilatères, qui devint le quartier chinois. Ces colons ont apporté avec eux leurs propres traditions architecturales.

Rue principale de Barkerville, en Colombie-Britannique, dans les années 1860. Un an après la découverte, par un marin du nom de Billy Barker, du plus gros filon d'or jamais extrait en Colombie-Britannique, la population de Barkerville grimpa à 10 000 âmes. Des commerces et des trottoirs en bois construits en un tournemain bordaient la rue traversant le centre de la ville. Comme Barkerville se trouvait au fond d'une vallée étroite et que l'eau se déversant des montagnes et des mines s'écoulait au beau milieu de la ville, les bâtiments étaient montés sur des pilotis, plusieurs pieds au-dessus du sol. De construction fragile, cette ville fut détruite par un incendie en seulement quarante minutes, en 1868. On y aménagea une nouvelle ville dont les bâtiments étaient mieux conçus et plus solides.

Page ci-contre : Les autochtones et les Européens
luttaient pour le contrôle des confluents de la rivière
Rouge et de la rivière Assiniboine, la porte d'entrée
vers l'Ouest. Le **Lower Fort Garry** était l'un des forts
qui fut érigés à cet endroit.

Maison Richard Carr (Victoria, 1863). Inspirée de deux
modèles figurant dans un recueil américain de maquettes
de 1852, cette demeure était la maison où grandit la
célèbre peintre canadienne Emily Carr.

Maison-étable mennonite. Venus au Canada
pour pratiquer leur religion en toute liberté,
les Mennonites s'étaient principalement établis
dans le Manitoba d'aujourd'hui. Ils ont apporté
d'Europe ce très ancien modèle traditionnel : la
maison est rattachée à une étable, qui est légèrement plus haute et plus large.

Les immeubles de la *Lung Kong Kung Shaw
Society* (à gauche) et de la *Chinese Empire
Reform Society* (au centre), ainsi que le
temple Tam Kung (à droite, démoli en 1912),
du quartier chinois de Victoria se distinguent
par leurs balcons, une caractéristique de la
Chine méridionale où le temps est clément.

Ci-dessus : **Gare de Westmount** (Westmount, Québec, 1907). Au début du XXe siècle, le CP adopta un nouveau modèle de gare uniformisé. Il se caractérisait par un toit en croupe se prolongeant au-dessus du quai afin de protéger les passagers contre les intempéries. Le rez-de-chaussée abritait habituellement une billetterie, une salle d'attente commune et une salle d'attente réservée aux dames, ainsi qu'une consigne et une messagerie pour la manutention des marchandises et du courrier. Le chef de gare et sa famille vivaient souvent dans l'appartement aménagé à l'étage.

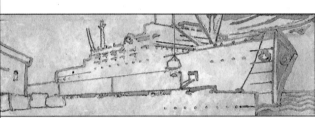

Ci-dessus : **Gare de Hamilton** (Hamilton, Ontario, 1930–1931). Les reliefs sculptés illustrent les moyens de transport et la manutention des marchandises.

LE CHEMIN DE FER SCELLE L'UNION

Gare d'Indian Head (Indian Head, Saskatchewan, env. 1882). Dans les Prairies, les gares servaient de salle de réunion municipale et de lieu de rassemblement, ainsi qu'à l'envoi de télégrammes, à la réception et à l'expédition de colis.

En 1867, la Nouvelle-Écosse et le Nouveau-Brunswick s'unirent au Québec et à l'Ontario pour former le Dominion du Canada : c'est la Confédération. Le Manitoba, les Territoires du Nord-Ouest, la Colombie-Britannique et l'Île du Prince-Édouard y adhérèrent quelques années plus tard. Pour cimenter l'union de cet immense pays, on construisit le chemin de fer. En fait, la Colombie-Britannique avait exigé l'achèvement du chemin de fer transcontinental comme condition de son adhésion à la Confédération. À partir de 1886, Montréal fut relié à Vancouver par la voie ferrée du Canadien Pacifique.

Au CP incombait l'énorme tâche de construire des gares à treize kilomètres d'intervalle, en bordure de la voie ferrée longue de cinq mille kilomètres. (Ces treize kilomètres étaient la distance maximale que pouvait franchir une locomotive sans réapprovisionnement en eau.) On construisit donc les gares du CP, tout comme celles des sociétés ferroviaires concurrentes, au cœur de toutes les villes, petites et grandes, de l'Ouest canadien.

Avec ses kilomètres de quais, l'**Union Station** de Toronto (1914–1930) était la plus grande gare du Canada. Sa partie centrale, supportée par vingt-deux énormes piliers, abrite une splendide billetterie haute de vingt-sept mètres, qui est éclairée par quatre étages de fenêtres à chaque extrémité.

toit en croupe

UN STYLE PROPREMENT CANADIEN

À mesure que s'intensifiait la concurrence entre les sociétés ferroviaires, on construisit des hôtels pour encourager les passagers à faire escale non seulement dans les grandes villes, mais aussi dans de plus petites communautés. L'hôtel Banff Springs (1911–1928) offre une vue imprenable sur un panorama des plus spectaculaires. Ses toits en croupe à forte pente, ses lucarnes, ses tourelles, ses fenêtres panoramiques et ses balcons sont un amalgame de caractéristiques proprement canadiennes constituant un style « national » appelé style Château. Cet hôtel ferroviaire de classe mondiale demeure, comme plusieurs autres, un monument célèbre dans le paysage canadien d'aujourd'hui.

lucarne

balcon

Cette hutte d'une seule pièce est typique des habitations préfabriquées qui se vendaient par catalogue.

Une maison de tourbe bien construite se composait de murs de plus d'un demi-mètre d'épaisseur. Confortable l'hiver, elle prenait une couleur verte l'été. On dit toutefois qu'après une journée de pluie dans les Prairies, il pleuvait pendant trois jours à l'intérieur de la maison.

LA VIE DANS LES PRAIRIES

Le véritable peuplement de l'Ouest commença à la toute fin du XIXe siècle, qui marquait aussi le début de l'ère industrielle. Des maisons achetées par correspondance, faites de planches précoupées mécaniquement et d'accessoires préfabriqués, arrivaient par train dans les communautés dispersées du Manitoba à la Colombie-Britannique.

Les trains emmenaient aussi de nouveaux colons en quête d'une terre plus accueillante, des immigrants européens aspirant à une nouvelle vie et des groupes minoritaires désirant pratiquer librement leur religion. Pour les propriétaires terriens sans le sou, qui ne pouvaient pas acheter de fournitures, le seul matériau de construction que leur offraient les Prairies dénudées était la terre. C'était une excellente solution pour eux, qui pouvaient ainsi se protéger contre les vents glaciaux balayant la région l'hiver, grâce aux excellentes propriétés isolantes de la tourbe des Prairies.

On construisit des commerces avec de fausses façades de type « ville-champignon », constituées de grands parapets dissimulant le toit, pour donner l'impression que les immeubles étaient plus grands et plus solides qu'ils ne l'étaient en réalité. Le bâtiment le plus distinctif des Prairies demeurait toutefois l'élévateur à grains. On mesurait l'importance d'une ville au nombre d'élévateurs qu'elle comptait; on parlait, par exemple, d'une « ville de trois élévateurs ».

Banque Canadienne de Commerce
(Creston, C.-B., 1907). On pouvait transporter les éléments de cette banque préfabriquée dans deux wagons de train. Offert en trois tailles, ce type de bâtiments s'assemblait en une seule journée.

Cette maison ukrainienne respectait des traditions folkloriques séculaires. Son toit de chaume, fait de gazon des Prairies et supporté par des poteaux de peuplier, était incliné pour que l'eau de pluie puisse s'écouler. Les murs en rondins étaient enduits d'un mélange de boue, de paille, de déjections animales et de chaux.

Le dôme en bulbe de l'**église ukrainienne St-Julien**, à Edmonton, s'inspire des églises byzantines à toit en dôme du VIe siècle.

L'**édifice du Centre** de la Colline parlementaire (Ottawa, 1859–1877) avant qu'il ne soit rasé par un incendie.

La **bibliothèque du Parlement** a seize côtés délimités par des arcs boutants et surmontés d'un toit de forme conique. L'intérieur est éclairé par des fenêtres cintrées en ogive et fini en pin blanc. Sa finition s'inspire de la salle de lecture circulaire du British Museum. On sculpte toujours la pierre à l'intérieur du nouvel édifice du Centre, une équipe de spécialistes s'y affairant la nuit quand l'édifice est fermé au public.

LE PAYS ATTEINT LA MATURITÉ : LA GRANDE ÉPOQUE VICTORIENNE

Occupant un site grandiose, sur la rive ouest du canal Rideau, les édifices de style gothique du Parlement (1859–1877) furent acclamés mondialement et comptèrent parmi les plus remarquables bâtiments de leur époque. Faits de pierre de couleur, ils se distinguent par une élégante fantaisie gothique regorgeant de fenêtres en ogive, de tours, de pinacles et de cheminées agrémentées de gargouilles, de visages grotesques et d'autres sculptures.

L'édifice du Centre fut malheureusement détruit par un incendie en 1916. Seule la bibliothèque fut sauvée des flammes par un bibliothécaire vigilant qui avait fermé la porte coupe-feu séparant les deux immeubles. Un nouvel édifice du Centre (1916–1927), dominé par la majestueuse Tour de la Paix, se dresse maintenant au milieu de la Colline parlementaire.

Cet ambitieux projet de construction fut amorcé après la Confédération pour abriter les bureaux des services fédéraux, comme les postes et les douanes. Cela coïncide avec ce qu'on appelle la grande époque victorienne (1850–1900), une période où les architectes acquirent de grandes compétences dans la création de complexes grandioses. Ils puisèrent leur inspiration dans l'Europe médiévale, la Grèce et la Rome antiques, mais combinèrent librement plusieurs éléments de chaque période, de sorte que le résultat différait énormément du modèle original. Ils privilégiaient les formes frappantes et irrégulières et mélangeaient une foule de couleurs et de textures.

Édifice des Postes, des Douanes et du Revenu de l'intérieur (Stratford, Ontario, 1883–1884, maintenant démoli). La tour de l'horloge de cet édifice, situé à l'intersection de deux rues, fut à l'époque un important point de repère.

L'édifice de l'**Assemblée législative de l'Alberta** (Edmonton, 1908–1913) occupe un superbe emplacement, en bordure de la rivière Saskatchewan Nord, qui fut autrefois le site du Fort Edmonton de la Compagnie de la Baie d'Hudson.

L'édifice de l'**Assemblée législative de l'Ontario** (Toronto, 1886–1892) est fait de grès brun rougeâtre. Ses murs intérieurs sont constitués de plus de dix millions de briques qui furent fabriquées dans une prison avoisinante.

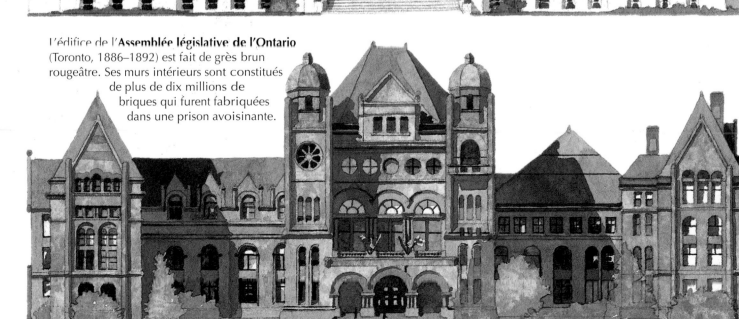

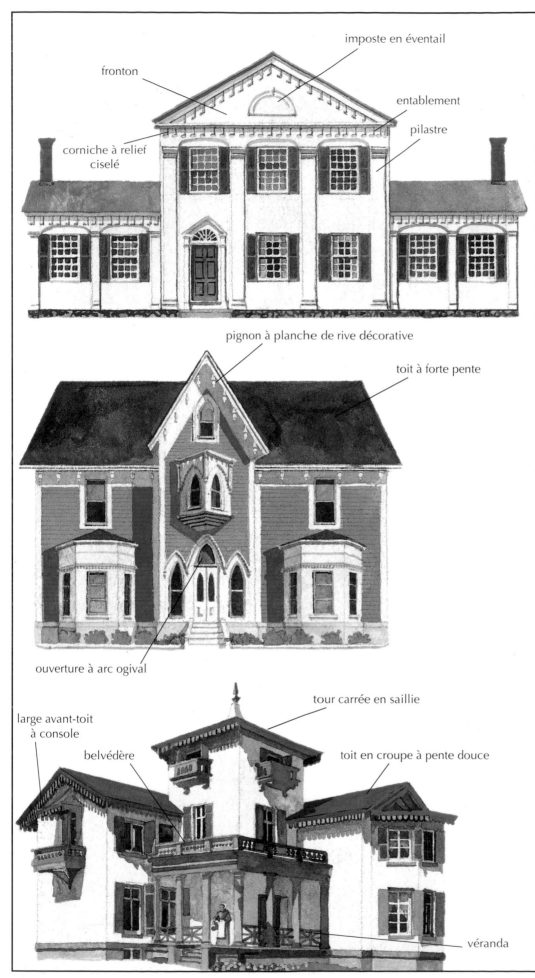

imposte en éventail

fronton

entablement

pilastre

corniche à relief ciselé

pignon à planche de rive décorative

toit à forte pente

ouverture à arc ogival

tour carrée en saillie

large avant-toit à console

belvédère

toit en croupe à pente douce

véranda

Les résidences servent non seulement à protéger ses occupants des intempéries, mais aussi à étaler leur mode de vie et leur rang social. Dessinées par un architecte, les maisons des gens très riches arborent généralement le style en vogue à l'époque de leur construction. Il est amusant d'examiner ces résidences et de relever les nombreuses variations dont elles ont fait l'objet depuis deux siècles. Le style de la résidence ci-contre, appelée *The Poplars* (Grafton, Ontario, 1817), s'inspire d'un temple grec.

Les fenêtres cintrées en ogive de la **maison Burpee** (Saint-Jean, 1865) dénotent une influence gothique. On y a ajouté des garnitures en bois sculpté sous l'avant-toit ainsi qu'autour des portes et des fenêtres.

La pittoresque **villa Bellevue** (Kingston, Ontario, 1843), probablement la première résidence canadienne de style italianisant, fit bien des remous lors de sa construction. Son plus célèbre occupant fut Sir John A. Macdonald, qui devint premier ministre; il y vécut, avec sa famille, à l'âge de trente-trois ans.

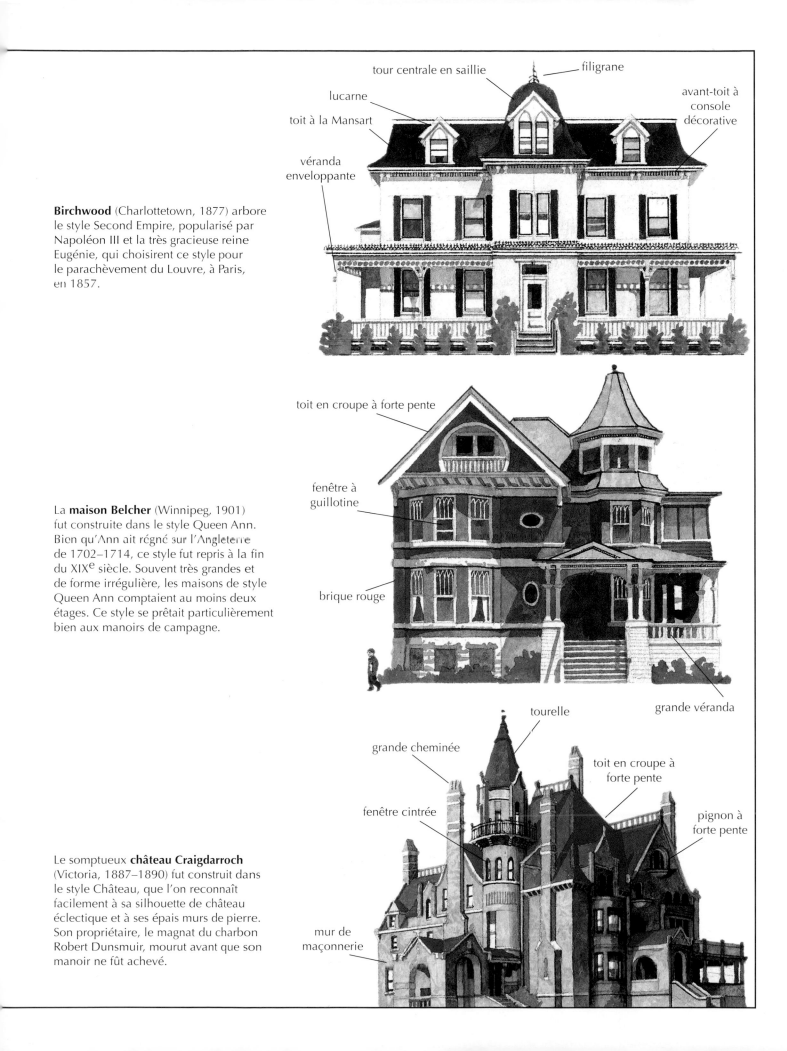

tour centrale en saillie

filigrane

lucarne

toit à la Mansart

avant-toit à console décorative

véranda enveloppante

Birchwood (Charlottetown, 1877) arbore le style Second Empire, popularisé par Napoléon III et la très gracieuse reine Eugénie, qui choisirent ce style pour le parachèvement du Louvre, à Paris, en 1857.

toit en croupe à forte pente

fenêtre à guillotine

brique rouge

grande véranda

La **maison Belcher** (Winnipeg, 1901) fut construite dans le style Queen Ann. Bien qu'Ann ait régné sur l'Angleterre de 1702–1714, ce style fut repris à la fin du XIXe siècle. Souvent très grandes et de forme irrégulière, les maisons de style Queen Ann comptaient au moins deux étages. Ce style se prêtait particulièrement bien aux manoirs de campagne.

tourelle

grande cheminée

toit en croupe à forte pente

fenêtre cintrée

pignon à forte pente

Le somptueux **château Craigdarroch** (Victoria, 1887–1890) fut construit dans le style Château, que l'on reconnaît facilement à sa silhouette de château éclectique et à ses épais murs de pierre. Son propriétaire, le magnat du charbon Robert Dunsmuir, mourut avant que son manoir ne fût achevé.

mur de maçonnerie

NOS MAISONS

À partir du milieu du XIXe siècle, le Canadien moyen commença à s'enrichir, et les revues illustrées montrant des maquettes de maisons gagnèrent en popularité. On en copiait les plans, qu'on adaptait à son budget et aux matériaux disponibles. Un de ces modèles, qui fut largement utilisé pour les maisons de ferme ontariennes entre 1860 et 1880, était unique au Canada. Construite en brique, en pierre ou en bois, cette maison se distinguait par le pignon central qui couronnait sa porte avant. La cuisine était habituellement rajoutée à l'arrière du bâtiment, et on n'utilisait la porte avant que lors des mariages et des funérailles.

Vu la croissance fulgurante de la population urbaine, le prix des maisons grimpa en flèche. Afin de réduire les coûts, on subdivisait les terrains en plus petits lots, sur lesquels on érigeait des duplex et des triplex logeant plusieurs familles. Montréal et Québec devinrent célèbres pour leurs duplex à toit plat et à escalier en colimaçon de métal peint. Toutefois, la véritable solution au problème de la surpopulation fut la tour d'habitation, dont la première fut construite à la fin du XIXe siècle. On compte aujourd'hui une multitude de ces tours dont les styles sont très variés.

S'inspirant de plans publiés dans la revue *Canadian Farmer,* le cottage ontarien fit fureur au Canada.

Les duplex montréalais se distinguent par leur escalier extérieur qui permet d'économiser les coûts de chauffage et de construction. Maintenant considérés comme pittoresques, ces escaliers furent vertement critiqués à l'époque de leur construction.

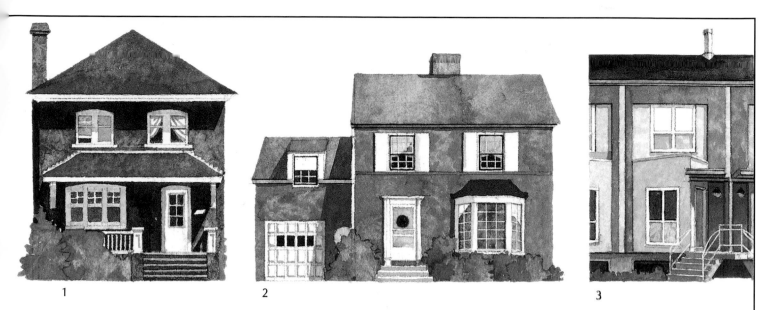

1   2   3

1. Grâce aux nouvelles autoroutes et au réseau de transport en commun, les gens purent s'installer plus loin de la ville et de leur lieu de travail, là où les terrains étaient plus abordables. Ceci est une construction typique des années 1930.

2. Dans la conjoncture florissante de l'après-guerre, la famille moyenne pouvait se payer une voiture, ce qui lui permettait de construire la maison de ses rêves en banlieue.

3. Dans les années 1990, des concepteurs de l'Université McGill mirent au point une « maison évolutive »; il s'agit d'une maison en rangée abordable que l'on peut agrandir à mesure que la famille s'élargit.

À droite : **Habitat 67** est une habitation expérimentale qui fut conçue pour l'Expo 67 de Montréal. Son architecte, Moshe Safdie, avait mis au point un système permettant d'empiler des cubes de béton les uns sur les autres à l'aide d'une grue. Ce projet visait à héberger de nombreuses personnes dans un espace réduit, tout en leur offrant l'intimité voulue et des aménagements variés.

Après maintes expériences, on réussit à construire des habitations comme cette maison de Grande Baleine au Québec, qui est parfaitement adaptée au climat du Grand Nord. Le froid intense fait en sorte que le sol demeure gelé en permanence, sauf une couche de quelques centimètres qui dégèle en été. Les fondations d'une maison construite sur un tel sol se soulèvent lorsque sa surface s'amollit. La structure doit donc être montée sur des pilotis. Ainsi, le sol sous la maison demeure intact, de même que sa couche isolante de mousse. On utilise une porte de service se trouvant sur le côté de la maison pour la livraison de l'eau potable et du mazout et la collecte des eaux usées.

Le majestueux immeuble de la **Cour suprême du Canada** (Ottawa, 1938–1939) est un exemple éloquent du classicisme moderne. Son toit de style Château rappelle les autres immeubles fédéraux.

L'ENTRE-DEUX-GUERRES

Avec le XXe siècle s'ouvraient de nouveaux horizons grâce au perfectionnement des machines, à l'abondance de l'électricité, à la rapidité des moyens de transport et à l'évolution des communications. On continuait néanmoins à construire des immeubles de style ancien, mais on en dépouillait, simplifiait et assujettissait les caractéristiques, comme l'illustre l'édifice de la Cour suprême du Canada. Grâce à des poutres de béton armé et d'acier, bien dissimulées sous les matériaux de finition traditionnels, on pouvait construire des immeubles de plus en plus élevés.

La retenue n'était pas le mot d'ordre pour les concepteurs des premiers « palaces du cinéma ». Les chaînes de salles de cinéma rivalisaient de splendeur en créant des théâtres aussi somptueux qu'extravagants. Le plus exotique fut le théâtre Empress de Montréal, qui arborait un thème égyptien (influencé par la découverte du tombeau de Toutankhamon en 1922). L'extérieur était orné de colonnes lotiformes, de têtes de sphinx, de scarabées ailés et de frises sculptées. L'intérieur ressemblait à la cour intérieure d'un palais égyptien.

Presque tous les éléments de décoration intérieure du **théâtre Empress** (Montréal, 1927–1928) furent détruits par un incendie, mais on est en train de redonner vie à l'immeuble, qui sera restauré et transformé en un centre des arts de la scène et du multimédia.

1

2

3

ENGOUEMENT POUR L'ART DÉCO

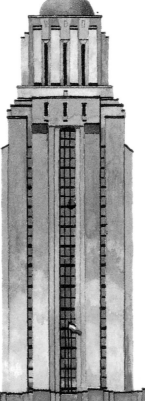

Bien que les architectes du début du XXᵉ siècle se soient quelque peu éloignés du style victorien, ils n'ont pas pour autant rompu complètement avec le passé (comme l'aurait voulu le mouvement moderne). Dans les années 1920, un mouvement d'art décoratif amorcé en France commença à gagner l'Amérique du Nord. On l'appelait art déco. Inspiré par les lignes nettes des nouveaux modèles automobiles et la vogue de la musique de jazz, ce style se caractérise par l'élégance de sa simplicité, la délicatesse de ses formes géométriques, de ses courbes, de ses chevrons et de ses zigzags homogènes, ainsi que la douceur de ses couleurs pastel.

1. Les décorations au-dessus de l'entrée du **bâtiment de la Marine** dépeignent des bernaches du Canada volant à travers des rayons de soleil.

2. La salle à manger art déco d'**Eaton** (1925–1927) se trouve au neuvième étage de son magasin montréalais. Haute de onze mètres, elle est éclairée par des fenêtres de verre opalin. Une grande murale domine l'une de ses extrémités.

3. Sur une partie de la frise du rez-de-chaussée du **bâtiment de la Marine** (Vancouver, 1929–1930), on aperçoit un hippocampe sur un fond de plantes et de vagues. Cet immeuble fut construit pour abriter les bureaux de l'industrie du transport naval.

4. Conçue par Ernest Cormier, l'**Université de Montréal** se distingue par ses murs extérieurs de brique beige recouvrant une structure en béton armé.

4

L'ÈRE MODERNE

Au milieu du XXe siècle, on continuait à construire des immeubles de style traditionnel, mais une nouvelle génération d'architectes commençait à rompre avec le passé et à mettre en valeur une toute nouvelle vision des choses. Voulant que les immeubles soient à la fois simples et efficaces, ils utilisaient des matériaux modernes mais ternes (comme le béton, le verre, l'acier et l'aluminium). Les immeubles modernes se « distinguaient » aussi d'une autre façon : ils se ressemblaient partout dans le monde.

Les plus beaux immeubles modernes se caractérisent par des lignes nettes et un grand souci du détail. Portées par la vague de prospérité qui suivit la Deuxième Guerre mondiale, les villes commencèrent à rivaliser pour construire le plus haut gratte-ciel, ce qui transforma du tout au tout l'horizon urbain des métropoles canadiennes.

Toutefois, après quinze ans de ce style minimaliste austère, on commença à ressentir sa froideur et on s'en éloigna. Vu les problèmes de circulation et la démesure entre le fourmillement du centre-ville le jour et son abandon en soirée, les architectes réalisèrent qu'ils devaient faire appel à des urbanistes pour créer des immeubles à bureaux plus conviviaux. Ils commencèrent à tenir compte des trajets des piétons et à concevoir des espaces intérieurs animés et des atriums vitrés protégeant les passants des intempéries tout en laissant entrer la lumière. Conçu par Arthur Erickson, l'atrium du palais de justice de Vancouver, à Robson Square (ci-dessous), illustre bien cette tendance.

Les architectes commencèrent en outre à dévier de la norme et à concevoir des immeubles plus spectaculaires et plus empreints d'émotion. Au lieu de ternes boîtes rectangulaires, les gratte-ciel devinrent de véritables sculptures. L'édifice de la Banque Royale (Toronto, 1972–1976) se démarque par ses spectaculaires panneaux de verre laminés de feuilles d'or, qui changent de couleur au fil de la journée.

Le **Centre canadien d'architecture** (Montréal, 1985–1989). Trois des quatre côtés de la maison Shaughnessy – un immeuble de style Second Empire entièrement restauré – sont rattachés à un nouvel immeuble dont les murs de calcaire rappellent ceux des maisons en rangée victoriennes du voisinage.

RETOUR AUX VALEURS ANCIENNES

Au milieu des années 1970 s'amorça une période architecturale postmoderne. Sans être associé à un style précis, le postmodernisme fut un mouvement de protestation contre l'austérité et la monotonie de l'architecture moderne. Les architectes continuèrent à tirer profit des nouveaux matériaux, mais puisèrent de nouveau leur inspiration dans les périodes antérieures. Ce respect renouvelé pour le passé a également donné naissance au mouvement de conservation et de restauration des immeubles anciens.

L'édifice des **Archives nationales** (Gatineau, Québec, 1994–1997) abrite les précieux dossiers publics et documents historiques de notre pays. Une coquille extérieure en verre et en acier contrôlant la température et l'humidité abrite les quarante-huit chambres fortes en béton renfermant ces trésors nationaux. L'immeuble a été conçu en vue de résister à l'usure du temps pendant cinq cents ans. Les immenses colonnes ornant sa façade sont un clin d'œil aux temples grecs.

La **maison Craven** (Toronto, 1996) est
une petite maison en bois, construite
sur un terrain étroit, alliant parfaitement
l'aménagement d'une maisonnette
traditionnelle au rez-de-chaussée et
celui d'un loft moderne à l'étage. La
teinture rouge de son revêtement
extérieur rappelle la brique de
nombreuses maisons torontoises.

Centre culturel Tr'ondek Hwech'in (Han)
(Dawson City, Yukon, 1998–1999)
Traditionnellement nomade, le peuple Tr'ondek
Hwech'in a érigé son centre culturel en bordure
d'une rivière, qui constituait une importante
source de ravitaillement et sa principale artère
de transport. La salle d'exposition circulaire
rappelle les huttes de broussailles
utilisées pour s'abriter durant
l'hiver, tandis que le treillage
de la terrasse dominant la
rivière représente les
cages et les
séchoirs à
poissons
utilisés
l'été.

CONCLUSION

Il est intéressant de noter à quel point la culture des autochtones du Canada, qui vivaient sur nos terres au moins douze mille ans avant l'arrivée des premiers Européens, influence maintenant notre architecture. Comme nous pouvons désormais dompter la nature de maintes façons, nous éprouvons un nouvel engouement pour sa beauté et un plus grand attachement pour la terre. Ce dernier bâtiment est l'école de l'île Seabird, construite par le conseil de bande du peuple Salish en Colombie-Britannique. Il semble sorti tout droit du sol. Son toit de forme irrégulière, qui se marie parfaitement aux montagnes avoisinantes, fait dévier les vents violents de l'hiver. Les bardeaux de son toit et de ses murs rappellent les maisons de cèdre des tribus côtières, tandis que ses grosses poutres évoquent les piliers de bois massif, qui supportaient les maisons traditionnelles.

Si nous continuons à examiner l'architecture des bâtiments qui nous entourent, nous apprendrons à mieux nous connaître, puisque ce que nous construisons est le reflet de nos valeurs.

GLOSSAIRE

arche

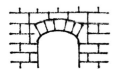

arche segmentée

avant-toit

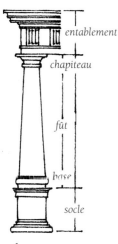

colonne

ALUMINIUM :
métal blanc léger, malléable et de couleur argentée, qui ne ternit pas

ARC BOUTANT :
contrefort appuyé sur une arche ou une demi-arche (*voir* contrefort)

ARCHE :
structure en forme d'arc surmontant une ouverture

ARCHE SEGMENTÉE :
arche comportant un arc plus petit qu'un demi-cercle

ASSISE :
rangée ininterrompue, habituellement horizontale, de briques, de pierres,
de bardeaux, etc. dans un mur ou un toit

ASYMÉTRIE :
irrégularité de la taille et de la forme des éléments se trouvant de part et d'autre
d'une ligne centrale

ATRIUM :
cour intérieure à ciel ouvert, entourée d'un toit

AVANT-TOIT :
face inférieure d'un toit en pente, en surplomb du mur

BALUSTRADE :
série de courtes colonnettes (balustres) supportant une rampe et entourant
habituellement un balcon, une terrasse, etc.

BELVÉDÈRE :
terrasse sans toit d'où la vue s'étend au loin

BÉTON :
matériau de construction composé de ciment mélangé, dans des proportions précises,
avec un agrégat (cailloux, pierres ou briques concassées), du sable et de l'eau

CHAPITEAU :
tête ou couronnement d'une colonne ou d'un pilier

CHÂSSIS :
cadre en bois ou en métal supportant la vitre d'une fenêtre

CHEVRON :
rondin ou poutre qui supporte un toit *et* moulure ornementale en forme de zigzag

COLONNE :
montant ou pilier vertical rigide, souvent d'ordre dorique, ionique ou corinthien

CONSOLE :
petite pièce de pierre ou d'un autre matériau formant un appui pour
une charge en saillie

arc boutant

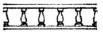

balustrade

dorique

ionique

corinthien

chapiteau

chevron

console

CONTREFORT :
structure de pierre ou de brique adossée à un mur pour le consolider

crénelage

CORNICHE :
moulure horizontale décorative le long du sommet d'un édifice ou d'un mur

CRÉNELAGE :
couronnement d'un mur, composé d'une succession de merlons séparés par des créneaux, qui avait autrefois une vocation défensive

CRÉPI :
enduit à la chaux recouvrant les murs de bâtiments en pierre, notamment ceux de Nouvelle-France, afin de les protéger contre les intempéries

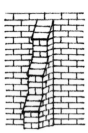

contrefort

ogival

CRÊTE :
fini décoratif ornant le sommet d'un treillis, d'un mur ou d'un toit

DUPLEX :
maison de deux étages comportant un appartement complet et séparé à chaque étage

curviligne

ENTABLEMENT :
dans l'architecture classique, banque horizontale couronnant les colonnes

FAÎTEAU :
petit ornement pointu au sommet d'un toit, d'un pignon ou d'une autre structure en saillie

faîteau

brisé

fronton

FENÊTRE À GUILLOTINE :
fenêtre à châssis coulissant se déplaçant verticalement dans un rail ou une languette

FILIGRANE :
délicat ornement métallique

FRISE :
bande sculptée au sommet d'un mur, sous la corniche

gargouille

FRONTON :
extrémité triangulaire d'un pignon ou moulure triangulaire lui ressemblant

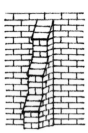

fenêtre à guillotine

GARGOUILLE :
sculpture grotesque, représentant un animal ou un humain, en saillie d'un toit, d'un mur ou d'une tour

IMPOSTE EN ÉVENTAIL :
baie vitrée, souvent en demi-cercle, se trouvant au-dessus d'une porte ou d'une fenêtre et ornée de barres rayonnantes en forme d'éventail

LOFT :
local à usage commercial transformé en habitation

lucarne

LUCARNE :
fenêtre en saillie percée dans un toit en pente

MAÇONNERIE :
construction en pierre ou en brique

pilastre

pinacle

toit à la Mansart

toit en appentis

MOULURE :
ornement ou contour de la corniche

MUR-RIDEAU :
mur extérieur fixé à l'ossature d'une bâtisse mais n'exerçant aucune
fonction portante

PARAPET :
mur bas à l'extrémité d'un toit, d'un balcon, d'un pont ou de toute autre structure
caractérisée par une inclinaison brusque

PIGNON :
portion triangulaire d'un mur, comprise entre les versants d'un toit en pente

PILASTRE :
colonne faisant légèrement saillie d'un mur

PILIER :
colonne verticale autonome

PINACLE :
petite extrémité en forme de tourelle d'une flèche, d'un contrefort, d'un parapet, etc.

PORTIQUE :
structure composée d'un toit supporté par des colonnes et habituellement rattachée
à un bâtiment afin de servir de porche

PRÉFABRIQUER :
fabriquer un bâtiment dans une usine avant de le transporter,
assemblé ou en pièces détachées

RUSTIQUÉ :
aspect rugueux ou très accentué d'une surface en pierre

SYMÉTRIE :
régularité de la taille et de la forme des éléments se trouvant de part et d'autre d'un
plan, d'une ligne ou d'un point

TOIT À LA MANSART :
toit à double pente (pente inférieure à forte inclinaison et pente supérieure à très
faible inclinaison)

TOIT EN APPENTIS :
toit à pente unique

TOIT EN CROUPE :
toit dont les quatre versants sont en pente (aussi appelé toit à quatre versants)

TOURELLE :
petite tour de forme élancée faisant saillie d'un toit

VÉRANDA :
terrasse ou porche ouvert surmonté d'un toit

pignon

portique

tourelle